D0548785

J'AI QUITTÉ MON PAYS

BOSNIE

je ne t'oublie pas

Anita Ganeri - Myriam De Visscher

Éditions Gamma - Éditions École Active

L'édition originale de cet ouvrage
a paru sous le titre: *I come from Bosnia*
Copyright © Aladdin Books Ltd, 1993
28 Percy Street, London W1P 9FF

Adaptation française de
Myriam De Visscher
Copyright © Éditions Gamma,
Paris-Tournai, 1995
D/1995/0195/28
ISBN 2-7130-1747-5
(édition originale:
ISBN 0-7496-1361-0)

Exclusivité au Canada:
Les Éditions École Active
2244, rue de Rouen
Montréal (Québec) H2K 1L5
Dépôts légaux: 2e trimestre 1995
Bibliothèque nationale du Québec
Bibliothèque nationale du Canada
ISBN 2-89069-485-2

Loi n° 49-956 du 16 juillet 1949
sur les publications destinées
à la jeunesse

Imprimé en Belgique

Sommaire

Introduction

Bonjour! Je m'appelle Samira et je suis une Musulmane de Bosnie. Il y a quelques mois à peine, je suis arrivée ici avec ma famille pour échapper à la guerre qui déchire mon pays.

Avant la guerre, le mode de vie en Bosnie ressemblait à celui de notre pays d'accueil. Les Musulmans vivaient en paix aux côtés de leurs voisins serbes et croates. Aujourd'hui, tous se battent. Les villes et les villages ont été dévastés au cours de ce qui semble être une guerre civile sans fin.

Suis-moi et je te raconterai à quoi ressemblait la Bosnie avant la guerre et ce qu'il en reste aujourd'hui.

Depuis que, en octobre 1991, la Bosnie s'est séparée de l'ex-Yougoslavie en déclarant son indépendance, les Serbes, les Croates et les Musulmans de Bosnie se battent. Tous veulent gagner autant de territoire que possible. Avant la guerre, la Bosnie comptait environ 4,4 millions d'habitants. Les trois quarts de cette population sont actuellement sans abri; environ 140 000 personnes ont trouvé la mort ou sont portées disparues. Sur les six républiques de l'ex-Yougoslavie, quelque 2 800 000 personnes ont fui vers une destination plus sûre.

La Bosnie actuelle

Il y a trois grands groupes ethniques en Bosnie:
les Serbes, les Croates et les Musulmans.
Chaque groupe prône ses propres coutumes, sa religion
et sa culture. Des rivalités ont toujours existé entre
ces groupes, mais jusque il y a peu, la majorité de la
population vivait et travaillait en paix. Aujourd'hui,
ces dissensions ont dégénéré en guerre civile.

   On parle plusieurs langues en Bosnie. La langue
officielle est le serbo-croate, mais beaucoup
de Musulmans parlent également le turc ou l'albanais.
Le serbo-croate s'écrit dans deux alphabets différents.
Les Serbes utilisent l'alphabet cyrillique, qui s'emploie
également en russe. Les Croates et les Musulmans
utilisent l'alphabet latin que l'on emploie en français,
par exemple.

Ces mots serbo-croates (ci-contre)
signifient tous deux « salut ». Pour celui du
haut, l'alphabet latin est utilisé; pour celui
du bas, c'est l'alphabet cyrillique.

Le pays et sa campagne

La Bosnie est composée de deux régions : la Bosnie, au nord, et l'Herzégovine, au sud. Ce petit pays (environ un dixième de la France) se trouve dans la péninsule balkanique, au sud-est de l'Europe. De 1918 à 1991, la Bosnie faisait partie d'un État plus grand, la Yougoslavie. La Bosnie avait alors le même drapeau que la Yougoslavie (à droite).

Les États limitrophes de la Bosnie sont la Croatie, la Serbie et le Monténégro. Avec la Slovénie et la Macédoine, ces États formaient la Yougoslavie. La capitale bosniaque est Sarajevo.

La Bosnie est un pays montagneux pratiquement sans accès à la mer. Outre les hautes montagnes des Alpes dinariques, elle comprend des plaines, de vastes régions forestières, de nombreux lacs, fleuves et rivières.

Le célèbre pont turc de Mostar (ci-contre) était l'un des principaux attraits de la Bosnie. Construit au XVIᵉ siècle sur la rivière Neretva, il fut malheureusement détruit, le 9 novembre 1993, par les artilleurs croates.

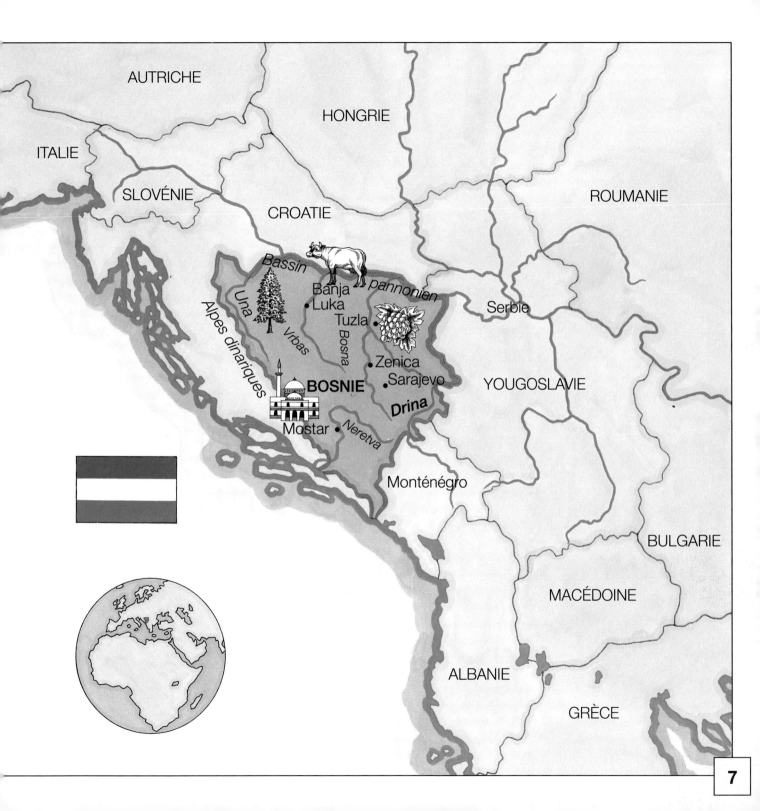

AUTRICHE

HONGRIE

ITALIE

SLOVÉNIE

ROUMANIE

CROATIE

Bassin

Banja
Luka
pannonien

Tuzla

Serbie

Una

Vrbas

Bosna

Zenica

Sarajevo

YOUGOSLAVIE

Alpes dinariques

BOSNIE

Drina

Mostar

Neretva

Monténégro

BULGARIE

MACÉDOINE

ALBANIE

GRÈCE

7

Le climat

Le climat, la faune et la flore de la Bosnie varient fortement d'une région à l'autre.

L'hiver est très rude et enneigé dans les montagnes et dans les plaines du nord ; il est moins rigoureux au sud. En montagne, l'été est chaud et pluvieux ; il est sec, ensoleillé et torride partout ailleurs.

Des vents forts soufflent régulièrement en Bosnie : le *jugo* apporte de la pluie, le *maestral* rafraîchit agréablement pendant les chaleurs estivales, tandis que la bora est un vent du nord-est, froid et violent.

La région est souvent secouée par des tremblements de terre. En 1979, un violent séisme détruisit un grand nombre de villes et de villages bosniaques.

Des sapins recouvrent les pentes montagneuses (à gauche). L'épicéa pancic pousse dans la région depuis des millions d'années, bien avant la naissance de la race humaine. De nombreux animaux sauvages – sangliers, lynx, ours, loups (ci-contre), etc. – peuplent les montagnes et les forêts.

9

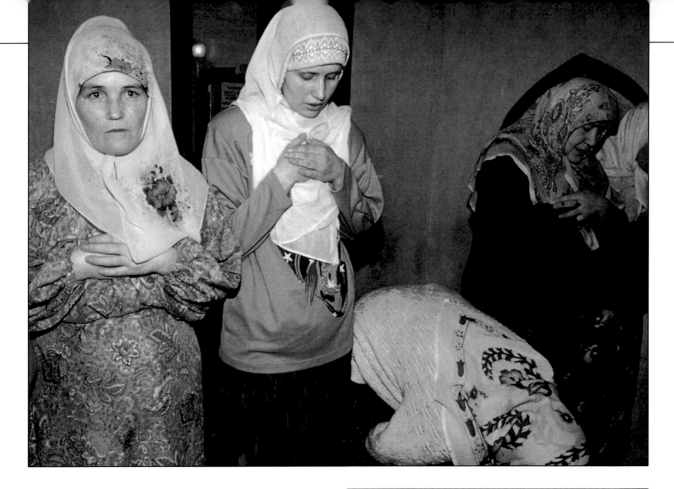

On trouve des musulmans (adeptes de l'islam) partout dans le monde. Les Musulmans de Bosnie (ci-dessus) ont un statut particulier : en 1968, les Slaves de Bosnie-Herzégovine, islamisés sous l'Empire ottoman (turc), ont reçu la nationalité musulmane, ce qui ne signifie pas nécessairement qu'ils soient tous adeptes de l'islam. La plupart des gens au Moyen-Orient, en Afrique du Nord, au Pakistan et au Bangladesh sont musulmans. La Malaisie et l'Indonésie comptent aussi beaucoup de musulmans. La plus grande concentration de musulmans se trouve en Inde (ci-contre).

Les Musulmans bosniaques

Les premiers musulmans étaient des Arabes. Au VIIe siècle, ils érigèrent un vaste empire qui s'étendait sur une multitude de pays. Au XVe siècle, la Bosnie faisait partie intégrante de l'Empire ottoman. Bon nombre de Bosniaques se convertirent à l'islam. Actuellement, environ 40 % de la population bosniaque est musulmane. C'est le cas de ma famille.

Les influences musulmane et turque se retrouvent partout dans le pays. Ce dernier compte de magnifiques mosquées où les musulmans se rendent pour prier. Les villes comptent des bazars turcs, où les hommes portent le fez, où les charmeurs de serpents attirent les badauds et où les enfants mangent des friandises turques.

Certaines communautés musulmanes sont très strictes sur le plan vestimentaire. Ainsi, les femmes doivent se couvrir entièrement lorsqu'elles sortent. De cette manière, les étrangers ne peuvent pas voir leur visage. Les musulmanes portent de longues robes et un voile ou un masque, appelé *yachmak,* (ci-contre) comme cette femme d'Oman, dans la péninsule Arabique. En Bosnie, la plupart des Musulmanes sont plus libres sur le plan vestimentaire, quoiqu'elles se couvrent la tête.

Les Serbes et les Croates

Environ la moitié des Bosniaques sont Serbes ou Croates. Leurs ancêtres, originaires de Pologne et de Russie, s'installèrent dans la région aux VIe et VIIe siècles.

Les Serbes et les Croates représentaient les deux groupes majoritaires de l'ex-Yougoslavie. Bon nombre d'entre eux vivaient dans leur propre État de Serbie ou de Croatie. Toutefois, beaucoup de Serbes et de Croates s'étaient établis dans d'autres États de l'ex-Yougoslavie, comme en Bosnie par exemple.

En 1991, la Croatie proclama son indépendance, la majorité croate estimant que les Serbes détenaient trop de pouvoir au sein du gouvernement central. Une guerre civile éclata, opposant les Croates et les Serbes de Croatie. Peu après la fin de cette guerre civile, au début de 1992, les Serbes et les Croates de Bosnie se lancèrent à leur tour dans une lutte pour le pouvoir. En Bosnie, la guerre sévit toujours, même si une trêve de quatre mois a été entamée fin décembre 1994.

Les Serbes et les Croates ont chacun leurs coutumes et leurs traditions. On peut admirer des danseurs traditionnels croates dans les villages de Bosnie (ci-contre). Le costume national croate (à gauche) se porte souvent lors de mariages ou de fêtes.

Les croyances

Dans les rues de Bosnie, le carillon des cloches d'églises et le chant des muezzins (fonctionnaires religieux musulmans) appelant du minaret les fidèles à la prière résonnent simultanément, témoignant de l'existence de religions différentes.

Les musulmans, comme moi, croient en Allah (Dieu) et aux enseignements de Mahomet. Ce prophète naquit au VIe siècle à La Mecque, en Arabie Saoudite. Pour prier, nous devons nous tourner vers La Mecque (à droite). Nous nous rendons dans des mosquées pour exercer notre culte.

La plupart des Serbes et des Croates sont chrétiens. Le christianisme compte de multiples formes différentes. Beaucoup de Serbes appartiennent à l'église orthodoxe (orientale) ; la plupart des Croates sont catholiques. Comme tous les chrétiens, ils prient dans des églises et cathédrales.

Chaque religion a ses propres livres sacrés. Les chrétiens suivent les enseignements de la Bible. Le livre sacré des musulmans est le Coran (ci-contre) qui reprend les paroles d'Allah.

Le mode de vie en Bosnie

Avant la guerre, le mode de vie en Bosnie était très similaire à celui de nombreux pays développés. La plupart des habitants jouissaient d'un niveau de vie relativement élevé, supérieur à celui de la plupart des autres pays d'Europe de l'Est. Comme bon nombre de familles bosniaques, ma famille vivait dans un appartement moderne (à droite), comparable aux appartements occidentaux. Nous avions une voiture et la télévision. Mes parents travaillaient à temps plein. J'allais à l'école. Mon petit frère et ma petite sœur allaient dans une crèche gouvernementale.

Mais la vie en Bosnie a bien changé depuis que la guerre a éclaté... Des familles ont été brisées et de nombreux logements endommagés ou détruits lors des combats.

Voici quelques plats typiquement bosniaques : chiches-kebabs, boulettes de viande épicées et goulache. Les Bosniaques consomment également beaucoup de pâtisseries sucrées turques, comme le baklava (ci-contre).

La vie en ville

La capitale de la Bosnie est Sarajevo (à gauche). C'est le centre politique, économique et culturel du pays. Les autres villes principales sont Banja Luka, Zenica, Tuzla et Mostar.

Lorsque j'habitais avec ma famille à Sarajevo, c'était une ville animée où se mélangeaient la tradition et la modernité, l'Orient et l'Occident. Les gratte-ciel, les supermarchés et les bureaux modernes y côtoyaient les mosquées, les marchés ouverts et les bazars turcs.

Aujourd'hui, Sarajevo a bien changé. En décembre 94, on s'y battait encore pratiquement tous les jours ; aujourd'hui, le cessez-le-feu semble respecté un peu partout, mais de nombreux bâtiments ont été détruits. Lors des combats, beaucoup d'habitants s'exposaient aux balles pour aller chercher de l'eau (ci-dessous, à droite).

La monnaie bosniaque est le dinar (billet du haut). L'économie bosniaque s'est effondrée en raison de la guerre. Actuellement, le dollar américain (billet du centre) et le mark allemand (billet du bas) sont des valeurs plus sûres que le dinar bosniaque.

Dans certains endroits, l'agriculture n'a pas évolué depuis des siècles. Les paysans utilisent encore d'anciennes charrues tirées par des bœufs ou des chevaux pour retourner leurs champs (ci-dessus).
Ils emportent leur production vers les marchés à bord de charrettes en bois (ci-contre). Mais beaucoup de fermiers recourent à un outillage et à des méthodes modernes.

La vie au village

Les villages sont disséminés dans la campagne bosniaque. Bon nombre de villageois sont agriculteurs. Ils cultivent des céréales, comme l'orge et l'avoine, des pommes de terre et d'autres légumes, et font pousser des agrumes, du raisin et des prunes. Beaucoup de fermiers élèvent également du bétail : bovins, cochons et moutons.

La plupart des villageois vivent dans de petites maisons en pierre ou en bois. Environ les trois quarts des habitations villageoises ont l'électricité, et presque toutes ont l'eau courante.

Au cours des cinquante dernières années, le nombre d'agriculteurs n'a cessé de diminuer en Bosnie. Avant la guerre, de nombreux fermiers quittaient leur village pour s'installer en ville où ils espéraient mieux gagner leur vie. Plus récemment, bon nombre de paysans ont dû fuir parce que leur village avait été détruit lors des combats.

La Bosnie possède de nombreux vignobles. Le vin, que l'on produit depuis des siècles, est une boisson populaire. Certains vins bosniaques sont exportés à l'étranger. Parmi les plus connus, citons le *blatina*, un vin rouge, et le *žilavka,* un vin blanc (ci-contre).

Travail et formation

Avant la Seconde Guerre mondiale, les trois quarts des habitants de l'ex-Yougoslavie étaient des paysans. Au lendemain de la guerre, le gouvernement communiste s'attela à faire du pays une nation industrielle. Dans les années 1980, un quart de la population seulement travaillait encore dans le secteur agricole ; les trois quarts restants travaillaient dans les mines ainsi que dans les secteurs de l'industrie de transformation, de la construction et des services.

En Bosnie, environ 40 % de la population sont employés dans le secteur industriel : vêtements et textiles, conserves alimentaires, mines de charbon et de fer, construction automobile et aciéries.

La Bosnie compte aussi beaucoup d'hommes d'affaires, d'enseignants, d'avocats et de médecins. Actuellement, le personnel hospitalier qui soigne les blessés de guerre (à l'extrême droite) est débordé de travail.

Il y a de nombreux ouvriers qualifiés en Bosnie. Mostar et Sarajevo sont réputées pour leurs tapis. Constitués de laines aux couleurs intenses, ceux-ci présentent des dessins complexes, fortement entremêlés (ci-contre).

Environ 90 % de la population bosniaque
sait lire et écrire. L'enseignement est gratuit
et tous les enfants de 7 à 14 ans vont à
l'école. Lorsque je vivais à Sarajevo, j'allais
dans une école musulmane (ci-dessous).
Là, contrairement à mon école actuelle,
les garçons et les filles sont séparés.
Comme ici, les domaines abordés sont très
nombreux. En outre, les élèves doivent aussi
consacrer chaque jour un peu de temps à
l'apprentissage de l'islam et à la lecture
du Coran.

Le football est très populaire en Bosnie.
L'ex-Yougoslavie possédait une équipe
de football *(soccer)* de niveau international
(ci-contre), qui atteignit les quarts de finale lors
de la Coupe du monde de 1990. Les enfants
aussi aiment jouer au football. Peu importe
qu'ils disposent du terrain réglementaire.
Ils trouveront toujours le moyen de fabriquer
un but à partir de sacs en plastique,
de filets et de cordes (ci-dessus).

Le sport et les loisirs

Comme tous les enfants du monde, nous aimons regarder la télévision, écouter de la musique pop, lire des bandes dessinées, jouer à des jeux de société et aller au cinéma après l'école.

Les montagnes permettent une gamme complète d'activités sportives. En hiver, nous allons skier. En été, nous aimons nous baigner et pêcher dans les lacs. La chasse et les randonnées sont très populaires. Il y a de nombreux sommets à escalader pour tout alpiniste aimant les défis.

En soirée, beaucoup de Bosniaques pratiquent une coutume ancienne: le *korzo*. Ils se promènent le long des grandes artères de leur ville et s'arrêtent pour bavarder avec les amis qu'ils rencontrent. Parfois, ils entrent dans un des nombreux cafés ou *kafanas*.

La Bosnie est fière de ses pistes de ski de renommée internationale. Beaucoup pensent que la neige du mont Bjelasnica, près de Sarajevo, est la meilleure d'Europe. En 1984, Sarajevo a accueilli les 14e Jeux olympiques d'hiver. La mascotte olympique était un renard du nom de Vucko (ci-contre). On le voyait partout en ville, sur des affiches, dans les magasins et à la télévision, et il devint aussi populaire dans le monde entier.

Pourquoi je suis ici

Depuis que la Bosnie a déclaré son indépendance, elle est devenue le cadre d'une guerre civile atroce entre les Serbes, les Croates et les Musulmans bosniaques.

Les groupes rivaux se battent pour augmenter leur territoire, et des milliers d'habitants de chaque camp sont blessés ou tués. Un des aspects les plus dramatiques de cette guerre est la « purification ethnique » : cela se produit lorsqu'un groupe tente de chasser tous les autres groupes ethniques d'une région, en expulsant les familles des maisons où elles habitaient depuis des générations (à droite).

En dépit des pourparlers de paix, la guerre continue. Fin décembre 94, une trêve a été entamée. Sera-t-elle respectée jusqu'au bout ? C'est pour fuir la guerre que ma famille s'est installée ici.

De 1945 à 1980, le dirigeant communiste Josip Broz, dit Tito (ci-contre), unifia les diverses républiques et groupes ethniques de Yougoslavie. Mais à sa mort, en 1980, les antagonismes traditionnels resurgirent. On assista à la montée des nationalismes, et la Yougoslavie éclata en États distincts.

L'avenir

Je ne sais pas ce qu'il adviendra de mon pays. Tant de sites ont été détruits et tant d'habitants sont sans abri. Il faudra beaucoup de temps pour que les milliers de réfugiés retournent en Bosnie et y reprennent une vie normale. Quoi qu'il arrive, rien ne sera jamais plus comme avant. Le pays pourrait être partagé entre les Serbes, les Croates et les Musulmans. Pour l'instant, le seul souci des habitants est de veiller à obtenir de la nourriture et des vêtements amenés par des camions des Nations unies (à gauche). Parfois, ces camions sont bloqués et n'arrivent pas à destination.

Je ne suis ici que depuis quelques mois et je m'y sens encore étrangère. Mais j'ai commencé à aller à l'école et j'apprends ta langue. Ici, je peux vivre en paix avec mes amis et mes voisins de toutes races et religions. Je fais encore des cauchemars dans lesquels j'entends les tirs d'artillerie à Sarajevo, mais je sais que j'ai de la chance, car j'ai trouvé la sécurité dans ma nouvelle patrie.

En bref

Pays et population

Nom officiel: République
de Bosnie-Herzégovine

Langue principale:
serbo-croate

Autres langues: turc, albanais

Population: 4 365 639 habitants
(1991)

Villes

Capitale: Sarajevo

Autres villes importantes: Banja
Luka, Zenica, Tuzla, Mostar

Climat

Continental au nord,
méditerranéen au sud

Topographie

Principaux cours d'eau: Neretva,
Bosna, Drina, Una, Vrbas

Point culminant: Maglic
(2 386 m d'altitude)

Culture

Principales religions: islam,
catholicisme, orthodoxie

Groupes ethniques: Musulmans
bosniaques (40 %), Serbes (32 %),
Croates (18 %)

Taux d'alphabétisation: 90 %

Gouvernement

Forme de gouvernement:
multipartisme républicain
(pour le moment)

Chef d'État: président

Droit de vote: universel
(pour le moment)

Agriculture

Principales cultures: maïs, orge,
avoine, blé, pommes de terre,
prunes, vigne, agrumes

Commerce et industrie

Ressources minières: fer, charbon,
lignite, bauxite, sel gemme,
amiante

Secteurs industriels: usines
sidérurgiques et aciéries,
produits chimiques, usines
automobiles, métallurgie et bois,
exploitation minière, industries
alimentaire, vestimentaire et
textile, matériel d'équipement

Principales exportations:
machines, vêtements et
chaussures de sport de haute
qualité, produits chimiques

Principales importations:
matières premières, pétrole
et carburants minéraux,
biens de consommation

Monnaie: le dinar

Index

Origine des photographies:

Couverture: Panos Pictures; médaillon de la couverture, pages 3 et 29: Roger Vlitos;
page de titre, pages 10 (en bas), 11, 15, 17, 18, 23 (les deux), 24 (les deux), 25, 27 et 28:
Frank Spooner Pictures; pages 4, 6, 9, 12, 13, 19 et 20 (les deux): Eye Ubiquitous;
page 10 (en haut): Spectrum Colour Library.